河南省公路工程预算补充定额
（2022）

主编单位：河南省交通建设技术中心
参编单位：河南省交通规划设计研究院股份有限公司
批准部门：河南省交通运输厅
实施日期：2023 年 4 月 1 日

人民交通出版社股份有限公司
北 京

Henan Sheng Gonglu Gongcheng Yusuan Buchong Ding'e(2022)

标准名称：河南省公路工程预算补充定额(2022)
著 作 者：河南省交通建设技术中心
责任编辑：陈力维
责任校对：席少楠　卢　弦
责任印制：张　凯
出版发行：人民交通出版社股份有限公司
地　　址：(100011)北京市朝阳区安定门外外馆斜街3号
网　　址：http://www.ccpcl.com.cn
销售电话：(010)59757973
总 经 销：人民交通出版社股份有限公司发行部
经　　销：各地新华书店
印　　刷：北京建宏印刷有限公司
开　　本：880×1230　1/32
印　　张：2.625
字　　数：75千
版　　次：2023年4月　第1版
印　　次：2023年4月　第1次印刷
书　　号：ISBN 978-7-114-18720-9
定　　价：50.00元
(有印刷、装订质量问题的图书，由本公司负责调换)

图书在版编目(CIP)数据

河南省公路工程预算补充定额.2022/河南省交通建设技术中心主编.—北京：人民交通出版社股份有限公司，2023.4

ISBN 978-7-114-18720-9

Ⅰ.①河…　Ⅱ.①河…　Ⅲ.①道路工程—预算定额—河南—2022　Ⅳ.①U415.13

中国国家版本馆CIP数据核字(2023)第063040号

河南省交通运输厅
关于发布《河南省公路工程预算补充定额(2022)》的通知

豫交文〔2023〕19号

各省辖市、济源示范区交通运输局,航空港区交通运输主管部门,各县(市)交通运输局,各有关单位:

现发布《河南省公路工程预算补充定额(2022)》,自2023年4月1日起施行。本定额与《公路工程建设项目概算预算编制办法》(JTG 3830—2018)配套使用,由河南省交通建设技术中心负责解释。

河南省交通运输厅

2023年3月28日

《河南省公路工程预算补充定额(2022)》编委会

总 说 明

一、《河南省公路工程预算补充定额(2022)》(以下简称本定额)是对《公路工程预算定额》(JTG/T 3832—2018)的补充,适用于河南省公路新建与改扩建工程,与《公路工程建设项目概算预算编制办法》(JTG 3830—2018)配套使用。

二、本定额是以人工、材料、机械台班消耗量表现的工程预算定额,包括路基工程、路面工程、隧道工程、桥涵工程、交通工程及沿线设施、绿化及环境保护工程共六章及附录。

三、本定额是按照合理的施工组织设计和一般正常的施工条件编制的。本定额中所采用的施工方法和工程质量标准是根据国家现行的公路工程施工技术及验收规范、质量评定标准及安全操作规程等取定的,除本定额中规定允许换算者外,均不得因具体工程的施工组织、操作方法和材料消耗与本定额的规定不同而调整定额。

四、本定额隧道工作每工日按 7h 计算,其余均按每工日 8h 计算。

五、本定额中的工程内容,均包括定额项目的全部施工过程。本定额内除扼要说明施工的主要操作工序外,均包括准备与结束、场内操作范围内的水平与垂直运输、材料工地小搬运、辅助和零星用工、工具及机械小修、场地清理等工作内容。

六、本定额中的材料消耗量是按现行材料标准的合格料和标准规格料计算的。本定额内材料、成品、半成品均已包括场内运输及操作损耗,编制预算时,不得另行增加。场外运输损耗、仓库保管损耗应在材料预算价格内考虑。

七、本定额中周转性材料、模板、支撑、脚手杆、脚手板和挡土板等的数量,已考虑了材料的正常周转次数并计入定额内,一般不应进行抽换。

八、本定额中所列不同强度等级混凝土、砂浆,其材料用量已按《公路工程预算定额》(JTG/T 3832—2018)附录二中混凝土和砂浆配合比表规定的数量列入定额,不得重算。当设计采用的混凝土、砂浆强度等级或水泥强度等级与本定额所列强度等级不同时,可按配合比表进行换算。但当实际施工配合比材料用量与定额配合比表用量不同时,除配合比表说明中允许换算者外,均不得调整。混凝土、砂浆配合比表的水泥用量,已综合考虑了采用不同品种水泥的因素,实际施工中不论采用何种水泥,均不得调整定额用量。

九、本定额中各类混凝土均未考虑外掺剂的费用,当设计需要添加外掺剂时,可按设计要求另行计算外掺剂的费用并适当调整定额中的水泥用量。

十、本定额中各类混凝土均按施工现场拌和进行编制。当采用商品混凝土时,可将相关定额中的水泥、中(粗)砂、碎石和拌和设备及拌和用人工的消耗量扣除,并按定额中所列的混凝土消耗量增加商品混凝土的消耗。

十一、本定额中各项目的施工机械种类、规格是按一般合理的施工组织确定的,当施工中实际采用机械的种类、规格与本定额规定的不同时,一律不得换算。

十二、本定额中施工机械台班消耗,已考虑了工地合理的停置、空转和必要的备用量等因素。编制预算的台班单价,应按《公路工程机械台班费用定额》(JTG/T 3833—2018)分析计算。

十三、本定额中只列工程所需的主要材料用量和主要机械台班数量,对于次要、零星材料和小型施工机具未一一列出,分别列入“其他材料费”及“小型机具使用费”内,以“元”表示,编制预算时即按此计算。

十四、本定额表中注明“某某数以内”或“某某数以下”者,均包括某某数本身;而注明“某某数以外”或“某某数以上”者,则不包括某某数本身。定额内数量带“( )”者,表示基价中未包括其价值。

十五、本定额的基价为人工费、材料费、机械使用费之和。基价中的人工费、材料费按《公路工程预算定额》(JTG/T 3832—2018)附录四、本定额附录计算,机械使用费按《公路工程机械台班费用定额》(JTG/T 3833—2018)、《河南省普通公路养护工程机械台班费用定额》(豫交文〔2021〕76 号)计算。

目　　录

第一章　路 基 工 程

说　　明

1. 本章定额包括机械打眼开炸石方(数码电子雷管)、控制爆破石方(数码电子雷管)、建筑垃圾再生集料填筑、台背回填、素混凝土桩、堆载预压、高速液压强夯、玻璃钢纤维急流槽、坡体导水孔、植物纤维毯、锚杆框架梁护坡、玻璃钢纤维块护坡、护坡基础混凝土及水泥砂浆垫层等项目。

2. 机械打眼开炸石方(数码电子雷管)、控制爆破石方(数码电子雷管)定额中,已包括开挖边沟消耗的人工、材料和机械台班数量。开挖边沟的数量应合并在路基石方数量内计算。

3. 各类开炸石方定额中,均已包括清理边坡工作。

4. 本章定额中除注明者外,均已包括按设计要求需要设置的伸缩缝、沉降缝及间缝隙的填塞费用。

5. 本章定额均已包括水泥混凝土、砂浆的拌和费用。

6. 植物纤维毯定额中的养护洒水按 5km 范围内洒水汽车在水源处自吸水编制。

7. 工程量计算规则:

(1)石方爆破按天然密实体积计算。

(2)混凝土、水泥砂浆的工程量为设计的实际体积,不包括其中空心部分的体积;钢筋混凝土项目的工程量不扣除钢筋(钢丝)、预埋件所占的体积。

(3)钢筋工程量为钢筋的设计质量,定额中已计入施工操作损耗,一般钢筋因接长所需增加的钢筋质量已包括在定额中,不得将这部分质量计入钢筋设计质量内。

(4)素混凝土桩工程量按设计桩断面积乘以设计桩长计算。

(5)堆载预压、高速液压强夯工程量按照设计需要处理的面积计算。

(6)玻璃钢纤维急流槽工程量按急流槽槽身与出水口长度之和计算;急流槽进水口工程量按进水口的个数计算。

(7)坡体导水孔工程量按设计导水孔的深度计算。

(8)植物纤维毯工程量按设计边坡的覆盖面积计算。

(9)锚杆钻孔及压浆工程量按设计钻孔深度计算。

(10)玻璃钢纤维拱形骨架块工程量按铺设面积计算;玻璃钢纤维六棱块工程量按铺设面积(不扣除空心)计算。

1-20-1 机械打眼开炸石方(数码电子雷管)

工程内容 1)开工作面、收放皮管、换钻头钻杆;2)选炮位、钻眼、清眼;3)装药、填塞;4)安全警戒;5)引爆及检查结果;6)排险;7)撬落、撬移、解小。

单位:1000m^3天然密实方

顺序号	项目	单位	代号	机械打眼开炸石方(数码电子雷管)		
				软石	次坚石	坚石
				1	2	3
1	人工	工日	1001001	33.4	51.1	76.5
2	空心钢钎	kg	2009003	9	18	27
3	ϕ50mm 以内合金钻头	个	2009004	17	25	32
4	硝铵炸药	kg	5005002	129	179	228.3
5	数码电子雷管	个	5006201	104	139	237
6	数码电子雷管脚线	m	5006202	77	101	121
7	其他材料费	元	7801001	17.6	25.6	33.1
8	9m^3/min 以内机动空压机	台班	8017049	4.59	7.1	11.88
9	小型机具使用费	元	8099001	239.8	434	728.8
10	基价	元	9999001	10890	16243	25071

注:本定额仅包括爆破石方,如需清运,可按相关运输定额计算。

1-20-2 控制爆破石方(数码电子雷管)

工程内容 1)开工作面;2)选炮位、打眼、装药;3)爆破、排险;4)清理解小;5)安全警戒全部工作。

单位:1000m^3天然密实方

顺序号	项目	单位	代号	控制爆破石方(数码电子雷管)		
				软石	次坚石	坚石
				1	2	3
1	人工	工日	1001001	93.9	132.2	178.8
2	空心钢钎	kg	2009003	10.8	21.6	32.4
3	ϕ50mm 以内合金钻头	个	2009004	21	30	39
4	硝铵炸药	kg	5005002	232.2	322.2	410.9
5	数码电子雷管	个	5006201	194	262	461
6	数码电子雷管脚线	m	5006202	138	182	219
7	其他材料费	元	7801001	32.2	46.5	59.6
8	9m^3/min 以内机动空压机	台班	8017049	5.11	7.92	12.27
9	小型机具使用费	元	8099001	280.5	494.6	828.4
10	基价	元	9999001	20537	29360	42283

注:本定额仅包括爆破石方,如需清运,可按相关运输定额计算。

1-20-3 建筑垃圾再生集料填筑

工程内容 1)测量放线;2)卸料、摊铺、整平;3)压路机前进、后退、往复碾压。

单位:1000m³压实方

顺序号	项目	单位	代号	建筑垃圾再生集料填筑	
				高速、一级公路	二级及二级以下公路
				1	2
1	人工	工日	1001001	9.0	7.2
2	建筑垃圾再生集料	m³	5504201	1260	1250
3	105kW 以内履带式推土机	台班	8001004	1.12	1.08
4	15t 以内振动压路机	台班	8001089	-	2.42
5	20t 以内振动压路机	台班	8001090	2.6	-
6	基价	元	9999001	50191	48399

1-20-4 台背回填

工程内容 1)挖台阶;2)清理现场;3)填砂砾、石渣,碾压。

单位:1000m³压实方

顺序号	项目	单位	代号	台背回填	
				砂砾	石渣
				1	2
1	人工	工日	1001001	9.9	15.7
2	砂砾	m³	5503007	1275	-
3	石渣	m³	5503012	-	1244
4	90kW以内履带式推土机	台班	8001003	0.84	1.75
5	2.0m³以内履带式单斗挖掘机	台班	8001030	0.35	0.35
6	12~15t光轮压路机	台班	8001081	1.22	1.22
7	18~21t光轮压路机	台班	8001083	1.76	2.34
8	蛙式夯土机(200~620N·m)	台班	8001095	2.97	7.45
9	基价	元	9999001	64002	55031

1-20-5 素混凝土桩

工程内容 素混凝土桩(钻孔成桩):1)清理场地、整平;2)测量放样、钻机就位;3)准备钻具、钻孔;4)混凝土配运料、拌和、灌注、拔管移位;5)凿桩头及操作范围内料具搬运。

素混凝土桩(沉管成桩):1)清理场地、整平;2)测量放样、机具就位;3)振动沉管;4)混凝土配运料、拌和、灌注、拔管移位;5)凿桩头及操作范围内料具搬运。

桩帽混凝土:1)模板安装、拆除、修理、涂脱模剂、堆放;2)混凝土配运料、拌和、运输、浇筑、养护。

桩帽钢筋:钢筋除锈、制作、焊接、绑扎。

单位:表列单位

顺序号	项目	单位	代号	素混凝土桩		桩帽	
				钻孔成桩	沉管成桩	混凝土	钢筋
				$10m^3$ 实体			1t
				1	2	3	4
1	人工	工日	1001001	8.1	11.9	10.6	6.3
2	普 C20-32.5-4	m^3	1503032	-	(11.00)	-	-
3	普 C30-42.5-4	m^3	1503035	-	-	(10.20)	-
4	泵 C20-32.5-4	m^3	1503082	(12.00)	-	-	-
5	HRB400 钢筋	t	2001002	-	-	-	1.025
6	20~22 号铁丝	kg	2001022	-	-	-	2.3
7	型钢	t	2003004	-	-	0.019	-

续前页　　　　　　　　　　　　　　　　　　　　　　　　　　　　单位：表列单位

顺序号	项　　目	单　　位	代　　号	素混凝土桩		桩帽	
				钻孔成桩	沉管成桩	混凝土	钢筋
				$10m^3$ 实体			1t
				1	2	3	4
8	组合钢模板	t	2003026	–	–	0.029	–
9	电焊条	kg	2009011	–	–	–	1.8
10	铁件	kg	2009028	–	–	8.8	–
11	水	m^3	3005004	3	3	12	–
12	原木	m^3	4003001	–	–	0.002	–
13	锯材	m^3	4003002	–	–	0.016	–
14	中(粗)砂	m^3	5503005	7.08	5.39	4.69	–
15	碎石(4cm)	m^3	5505013	9	9.24	8.57	–
16	32.5 级水泥	t	5509001	3.9	3.28	–	–
17	42.5 级水泥	t	5509002	–	–	3.621	–
18	其他材料费	元	7801001	30.8	22.0	24.5	–
19	设备摊销费	元	7901001	22.8	91.3	–	–
20	$1.0m^3$ 以内轮胎式装载机	台班	8001045	0.62	0.57	–	–
21	250L 以内强制式混凝土搅拌机	台班	8005002	0.55	0.52	0.31	–

续前页 单位:表列单位

顺序号	项　目	单　位	代　号	素混凝土桩		桩帽	
				钻孔成桩	沉管成桩	混凝土	钢筋
				$10m^3$ 实体			1t
				1	2	3	4
22	$60m^3/h$ 以内混凝土输送泵	台班	8005051	0.22	–	–	–
23	1t 以内机动翻斗车	台班	8007046	–	–	0.45	–
24	25t 以内履带式起重机	台班	8009004	–	0.4	–	–
25	60t 以内振动打拔桩锤	台班	8011014	–	0.43	–	–
26	ϕ600mm 以内螺旋式钻孔机	台班	8011065	0.46	–	–	–
27	32kV · A 以内交流电弧焊机	台班	8015028	–	–	–	0.23
28	小型机具使用费	元	8099001	26.6	17.3	14.3	20.9
29	基价	元	9999001	4617	4841	4099	4083

1-20-6 堆载预压

工程内容 1)测量放线;2)制、安沉降盘;3)堆、卸载;4)整平;5)观测。

单位:100m² 处理面积

顺序号	项目	单位	代号	堆载预压	
				预压荷载 100kN/m²	预压荷载每增减 10kN/m²
				1	2
1	人工	工日	1001001	10.2	0.9
2	型钢	t	2003004	0.012	0.001
3	其他材料费	元	7801001	0.4	-
4	135kW 以内履带式推土机	台班	8001006	1.7	0.17
5	基价	元	9999001	3848	371

1－20－7　高速液压强夯

工程内容　1）布设夯点；2）夯实机就位，夯锤定位，夯击、测量、补夯，夯实机移位下一个夯点；3）平整、洒水、压实；4）场地清理。

单位：1000m^2处理面积

顺序号	项　　目	单　　位	代　　号	高速液压强夯	
				夯击5遍	每增减1遍
				1	2
1	人工	工日	1001001	4.2	0.5
2	135kW以内履带式推土机	台班	8001006	0.26	-
3	轮胎式高速液压夯实机	台班	8001134	6.75	0.95
4	基价	元	9999001	10470	1405

注：高速液压强夯定额，单点夯击3锤为一遍。

1-20-8 玻璃钢纤维急流槽

工程内容 玻璃钢纤维急流槽:1)测量放样;2)水槽(含弯头)就位、安装;3)连接、固定。

玻璃钢纤维急流槽进水口:1)测量放样;2)进水口就位、安装;3)连接、固定;4)水泥砂浆拌和、运输,抹缝,顺坡。

单位:表列单位

顺序号	项目	单位	代号	玻璃钢纤维急流槽	玻璃钢纤维急流槽进水口
				100m	10个
				1	2
1	人工	工日	1001001	8.5	1.9
2	M7.5 水泥砂浆	m^3	1501002	–	(0.32)
3	水	m^3	3005004	–	0.3
4	玻璃钢纤维急流槽	m	5010201	104.0	–
5	玻璃钢纤维急流槽进水口	个	5010202	–	10.1
6	中(粗)砂	m^3	5503005	–	0.35
7	32.5 级水泥	t	5509001	–	0.085
8	其他材料费	元	7801001	23.9	28.5
9	基价	元	9999001	14447	1904

注:1. 固定钢钉费用已综合在玻璃钢纤维急流槽及进水口材料单价内。

2. 玻璃钢纤维急流槽搭接部分已综合考虑在定额内。

3. 玻璃钢纤维急流槽定额按槽顶宽500mm,槽底宽350mm,槽身深214mm、厚5mm规格编制;进水口按长833mm、宽由350mm渐变至1200mm、厚5mm规格编制。

1-20-9　坡体导水孔

工程内容　1)测量放样;2)操作平台搭设;3)钻孔机具安装、钻孔、清孔、移动、拆除;4)制作打孔排水管并外包渗水土工布;5)推塞排水管;6)填塞出口段空隙;7)滤网封口;8)出水口防冲刷处理。

单位:10m 孔深

顺序号	项　目	单　位	代　号	坡体导水孔	
				土层孔径 120mm 以内	岩层孔径 120mm 以内
				1	2
1	人工	工日	1001001	1.4	3.7
2	20~22 号铁丝	kg	2001022	0.3	0.3
3	钢管	t	2003008	0.003	0.005
4	ϕ150mm 以内合金钻头	个	2009005	0.1	0.2
5	钻杆	kg	2009007	2.7	4.3
6	铁钉	kg	2009030	1.9	1.9
7	冲击器	个	2009035	0.01	0.02
8	偏心冲击锤	个	2009036	0.008	0.011
9	水	m^3	3005004	0.3	0.3
10	锯材	m^3	4003002	0.01	0.01
11	PVC 塑料管(ϕ100mm)	m	5001014	10.6	10.6

续前页　　　　单位:10m 孔深

顺序号	项　　目	单　　位	代　　号	坡体导水孔	
				土层孔径 120mm 以内	岩层孔径 120mm 以内
				1	2
12	土工布	m^2	5007001	4.2	4.2
13	中(粗)砂	m^3	5503005	0.02	0.02
14	32.5 级水泥	t	5509001	0.006	0.006
15	其他材料费	元	7801001	6.2	8.6
16	ϕ38 ~ 170mm 液压锚固钻机	台班	8001116	0.34	0.70
17	17m^3/min 以内机动空压机	台班	8017051	0.26	0.48
18	小型机具使用费	元	8099001	17.4	39.8
19	基价	元	9999001	742	1367

注:当设计排水管规格与定额不同时,可按设计调整。

1-20-10 植物纤维毯

工程内容 1)整平路基边坡;2)铺设植物纤维毯;3)固定;4)养护。

单位:100m²

顺序号	项目	单位	代号	植物纤维毯
				1
1	人工	工日	1001001	1.9
2	植物纤维毯	m²	5008201	128
3	其他材料费	元	7801001	84.3
4	6000L以内洒水汽车	台班	8007041	0.08
5	基价	元	9999001	1904

注:植物纤维毯地下卷铺及搭接部分已综合考虑在定额内。

1-20-11 锚杆框架梁护坡

工程内容 锚杆钻孔及压浆:1)测量放样;2)坡面清理;3)脚手架搭、拆;4)钻孔;5)浆液制作、压浆。

锚杆框架梁混凝土:1)清理边坡;2)模板制作、安装、拆除、修理;3)混凝土配运料、拌和、运输、浇筑、抹平、养护;4)伸缩缝填塞沥青及麻絮。

锚杆框架梁钢筋:钢筋除锈、制作、焊接、绑扎。

单位:表列单位

顺序号	项目	单位	代号	锚杆框架梁护坡		
				锚杆钻孔及压浆	锚杆框架梁混凝土	锚杆框架梁钢筋
				100m	$10m^3$	1t
				1	2	3
1	人工	工日	1001001	27.5	16.7	8.2
2	M30 水泥砂浆	m^3	1501008	(0.57)	-	-
3	普 C30-32.5-4	m^3	1503034	-	(10.20)	-
4	HPB300 钢筋	t	2001001	-	-	0.166
5	HRB400 钢筋	t	2001002	-	-	0.859
6	20~22 号铁丝	kg	2001022	-	-	4.4
7	型钢	t	2003004	-	0.022	-
8	组合钢模板	t	2003026	-	0.014	-
9	电焊条	kg	2009011	-	-	3.9
10	铁件	kg	2009028	9.0	1.9	-

续前页　　　　　　　　　　　　　　　　　　　　　　　　　　　　　单位:表列单位

顺序号	项目	单位	代号	锚杆框架梁护坡		
				锚杆钻孔及压浆	锚杆框架梁混凝土	锚杆框架梁钢筋
				100m	$10m^3$	1t
				1	2	3
11	石油沥青	t	3001001	-	0.004	-
12	水	m^3	3005004	1.8	12	-
13	原木	m^3	4003001	0.1	-	-
14	锯材	m^3	4003002	-	0.01	-
15	中(粗)砂	m^3	5503005	0.56	4.69	-
16	碎石(4cm)	m^3	5505013	-	8.47	-
17	32.5 级水泥	t	5509001	0.349	3.845	-
18	其他材料费	元	7801001	112	43.7	-
19	ϕ38~170mm 液压锚固钻机	台班	8001116	5.21	-	-
20	250L 以内强制式混凝土搅拌机	台班	8005002	-	0.32	-
21	32kV·A 以内交流电弧焊机	台班	8015028	-	-	1.61
22	$9m^3$/min 以内机动空压机	台班	8017049	1.39	-	-
23	小型机具使用费	元	8099001	156.4	19.9	6.1
24	基价	元	9999001	5828	4437	4561

注:锚杆制作、安装采用《公路工程预算定额》(JTG/T 3832—2018)锚杆挡土墙相关定额。

1－20－12　玻璃钢纤维块护坡

工程内容　玻璃钢纤维拱形骨架护坡:1)测量放样;2)沟槽开挖、回填;3)骨架试拼装;4)安装、固定。

玻璃钢纤维六棱块护坡:1)测量放样;2)坡面清理;3)六棱块安装,配、拌、运砂浆及勾缝;4)整体回填。

单位:100m²

顺序号	项　目	单　位	代　号	玻璃钢纤维块护坡	
				拱形骨架	六棱块
				1	2
1	人工	工日	1001001	11.8	5.7
2	M10 水泥砂浆	m³	1501003	–	(0.29)
3	水	m³	3005004	–	0.4
4	玻璃钢纤维拱形骨架块	m²	5010203	101	–
5	玻璃钢纤维六棱块	块	5010204	–	897.22
6	中(粗)砂	m³	5503005	–	0.32
7	32.5 级水泥	t	5509001	–	0.09
8	其他材料费	元	7801001	44.5	79.1
9	基价	元	9999001	17560	10611

注:1. 固定钢钉费用已综合在玻璃钢纤维拱形骨架材料单价内。

2. 当设计玻璃钢纤维六棱块规格与定额不同时,可按设计调整。

1－20－13　护坡基础混凝土

工程内容　1)基底清理;2)模板制作、安装、拆除、修理;3)混凝土配运料、拌和、运输、浇筑、抹平、养护。

单位:$10m^3$

顺序号	项　目	单　位	代　号	护坡基础混凝土
				1
1	人工	工日	1001001	7.5
2	普 C20－32.5－4	m^3	1503032	(10.20)
3	水	m^3	3005004	12
4	原木	m^3	4003001	0.01
5	锯材	m^3	4003002	0.024
6	中(粗)砂	m^3	5503005	5.00
7	碎石(4cm)	m^3	5505013	8.57
8	32.5 级水泥	t	5509001	3.04
9	其他材料费	元	7801001	23.7
10	250L 以内强制式混凝土搅拌机	台班	8005002	0.31
11	小型机具使用费	元	8099001	10.6
12	基价	元	9999001	3081

1-20-14 水泥砂浆垫层

工程内容 1)基底修整、清扫;2)洒水湿润坡面;3)配、拌、运砂浆;4)抹平、养护。

单位:$10m^3$

顺序号	项目	单位	代号	水泥砂浆垫层
				1
1	人工	工日	1001001	11.8
2	M7.5 水泥砂浆	m^3	1501002	(10.40)
3	水	m^3	3005004	8
4	中(粗)砂	m^3	5503005	11.34
5	32.5 级水泥	t	5509001	2.766
6	其他材料费	元	7801001	2.0
7	基价	元	9999001	3120

注:如坡面高度大于10m,人工消耗乘以系数1.05。

第二章　路 面 工 程

说　　明

1. 本章定额包括水泥浆联结层、改性沥青同步碎石封层、沥青碎石混合料拌和(设备生产能力 380t/h 以内)、机械摊铺沥青碎石混合料(设备生产能力 380t/h 以内)、沥青混合料拌和设备重油改天然气台班单价调整等项目。

2. 水泥浆联结层、改性沥青同步碎石封层工程量按设计洒布面积计算。

3. 沥青碎石混合料拌和、摊铺工程量按压实后的路面体积计算。

4. 沥青混合料拌和设备重油改天然气台班单价调整工程量按沥青混合料拌和设备台班使用数量计算。

2-20-1　水泥浆联结层

工程内容　1)清扫整理下承层、洒水湿润;2)水泥浆配料、拌和;3)洒布水泥浆、初期养护。

单位:1000m²

顺序号	项　目	单　位	代　号	水泥浆联结层
				1
1	人工	工日	1001001	0.1
2	水	m^3	3005004	2
3	42.5 级水泥	t	5509002	1.53
4	水泥稀浆车	台班	8003096	0.03
5	6000L 以内洒水汽车	台班	8007041	0.02
6	基价	元	9999001	726

注:当设计水泥用量与定额不同时,可按设计调整水泥消耗量。

2-20-2 改性沥青同步碎石封层

工程内容 1)清扫整理下承层;2)同步碎石封层车洒布辅料;3)人工撒矿料;4)碾压、找补;5)初期养护。

单位:1000m²

顺序号	项目	单位	代号	改性沥青同步碎石封层
				1
1	人工	工日	1001001	4.6
2	改性沥青	t	3001002	1.5
3	路面用石屑	m^3	5503015	9
4	其他材料费	元	7801001	28.4
5	设备摊销费	元	7901001	18.9
6	3.0m^3以内轮胎式装载机	台班	8001049	0.25
7	16~20t轮胎式压路机	台班	8003067	0.54
8	同步碎石封层车	台班	8003095	0.24
9	机动路面清扫车	台班	8003102	0.24
10	20t以内自卸汽车	台班	8007019	0.18
11	小型机具使用费	元	8099001	4.4
12	基价	元	9999001	11407

注:当设计改性沥青、路面用石屑用量与定额不同时,可按设计调整沥青、石屑消耗量。

2-20-3 沥青碎石混合料拌和(设备生产能力380t/h以内)

工程内容 1)沥青加热、保温、输送;2)装载机铲运料、上料、配运料;3)矿料加热烘干;4)拌和、出料。

单位:1000m^3路面实体

顺序号	项目	单位	代号	沥青碎石混合料拌和(设备生产能力380t/h以内)			
				特粗式	粗粒式	中粒式	细粒式
				1	2	3	4
1	人工	工日	1001001	16.4	16.4	16.3	16.3
2	特粗式沥青碎石	m^3	1505001	(1020)	-	-	-
3	粗粒式沥青碎石	m^3	1505002	-	(1020)	-	-
4	中粒式沥青碎石	m^3	1505003	-	-	(1020)	-
5	细粒式沥青碎石	m^3	1505004	-	-	-	(1020)
6	石油沥青	t	3001001	78.676	84.361	89.474	95.698
7	路面用机制砂	m^3	5503006	157.04	173.47	225.30	268.92
8	矿粉	t	5503013	45.227	52.637	56.387	66.412
9	路面用石屑	m^3	5503015	114.20	132.53	186.41	313.58
10	路面用碎石(1.5cm)	m^3	5505017	268.24	299.11	486.21	880.85
11	路面用碎石(2.5cm)	m^3	5505018	253.21	285.80	587.25	-
12	路面用碎石(3.5cm)	m^3	5505019	352.89	608.46	-	-

续前页

单位：1000m^3路面实体

顺序号	项　　目	单　　位	代　　号	沥青碎石混合料拌和(设备生产能力380t/h以内)			
				特粗式	粗粒式	中粒式	细粒式
				1	2	3	4
13	路面用碎石(5cm)	m^3	5505020	362.10	–	–	–
14	其他材料费	元	7801001	159.5	186.1	223.3	279.1
15	设备摊销费	元	7901001	1518.2	1627.9	1778.9	1902.4
16	3.0m^3以内轮胎式装载机	台班	8001049	1.68	1.68	1.65	1.64
17	380t/h以内沥青混合料拌和设备	台班	8003054	0.97	0.97	0.96	0.96
18	5t以内自卸汽车	台班	8007012	1.24	1.24	1.24	1.24
19	基价	元	9999001	580655	607630	630953	661266

2-20-4 机械摊铺沥青碎石混合料(设备生产能力380t/h以内)

工程内容 1)清扫整理下承层;2)人工或机械摊铺沥青混合料;3)找平、碾压;4)初期养护。

单位:1000m^3路面实体

顺序号	项目	单位	代号	机械摊铺沥青碎石混合料(设备生产能力380t/h以内)			
				特粗式	粗粒式	中粒式	细粒式
				1	2	3	4
1	人工	工日	1001001	13.3	13.6	13.8	15.0
2	12.5m以内沥青混合料摊铺机	台班	8003060	1.33	1.33	1.35	1.37
3	15t以内振动压路机(双钢轮)	台班	8003065	6.71	6.71	6.79	6.88
4	9~16t轮胎式压路机	台班	8003066	4.15	4.16	4.23	4.25
5	16~20t轮胎式压路机	台班	8003067	1.58	1.58	1.67	1.76
6	10000L以内洒水汽车	台班	8007043	0.5	0.5	0.5	0.5
7	基价	元	9999001	21935	21974	22317	22750

2－20－5 沥青混合料拌和设备重油改天然气台班单价调整

工程内容 沥青混合料拌和设备将加热燃料由重油替换为天然气。

单位:台班

顺序号	项目	单位	代号	沥青混合料拌和设备重油改天然气台班单价调整	
				生产能力 320t/h 以内	生产能力 380t/h 以内
				1	2
1	重油	kg	3003001	－13787.14	－16372.22
2	天然气	m^3	3006201	16220.20	19261.44
3	基价	元	9999001	15385	18269

第三章　隧道工程

说　　明

1. 本章定额包括人(车)行横通道防火门、成品电缆沟盖板安装、水泥基渗透结晶型防水涂料、隧道洞门真石漆等项目。

2. 人(车)行横通道防火门按成品防火门编制,定额已综合了所有五金配件及卷闸门的电动升降装置,未包含防火门的控制系统。工程量按防火门设计面积计算。

3. 成品电缆沟盖板安装按RPC(活性粉末混凝土)盖板编制,盖板材质不同时可以调整。工程量按成品盖板的块数计算。

4. 水泥基渗透结晶型防水涂料、隧道洞门真石漆工程量按设计喷(刷)涂面积计算。

3-20-1　人(车)行横通道防火门

工程内容　人行横通道防火门:1)洞口清理;2)横通道门、闭门器及五金件安装、固定、密封等。
车行横通道防火门:1)洞口清理;2)卷闸门、电动升降装置及五金件安装、固定、密封等。

单位:10m²

顺序号	项目	单位	代号	人(车)行横通道防火门	
				人行横通道防火门	车行横通道防火门
				1	2
1	人工	工日	1001001	4.8	4.2
2	钢板	t	2003005	0.01	0.01
3	铁件	kg	2009028	3.4	3.4
4	人行横通道防火门	m²	2010201	10	-
5	车行横通道防火卷闸门(含电动升降装置)	m²	2010202	-	10
6	其他材料费	元	7801001	26.3	16.7
7	4t以内载货汽车	台班	8007003	0.35	0.35
8	小型机具使用费	元	8099001	4	4
9	基价	元	9999001	5856	5282

3-20-2　成品电缆沟盖板安装

工程内容　1)电缆槽清扫、处理;2)成品盖板就位、安装;3)场地清理。

单位:100 块

顺序号	项　目	单　位	代　号	成品电缆沟盖板安装
				1
1	人工	工日	1001001	1.4
2	RPC 盖板	块	1518201	101
3	4t 以内载货汽车	台班	8007003	0.22
4	基价	元	9999001	3888

3-20-3 水泥基渗透结晶型防水涂料

工程内容 1)清理、处理基层;2)搭拆工作平台;3)调配及涂刷涂料;4)场地清理。

单位:100m^2

顺序号	项目	单位	代号	水泥基渗透结晶型防水涂料
				1
1	人工	工日	1001001	3.5
2	水泥基渗透结晶型防水涂料	kg	5010205	156
3	其他材料费	元	7801001	45
4	基价	元	9999001	2757

注:当设计水泥基渗透结晶型防水涂料用量与定额不同时,可按设计调整防水涂料消耗量。

3－20－4　隧道洞门真石漆

工程内容　1)搭、拆脚手架;2)基层清扫、刮腻子、打磨、分格;3)喷涂(刷)底漆、真石漆、罩面漆;4)场地清理。

单位:10m^2

顺序号	项　　目	单　　位	代　　号	隧道洞门真石漆
				1
1	人工	工日	1001001	3.2
2	钢管	t	2003008	0.004
3	铁件	kg	2009028	0.2
4	锯材	m^3	4003002	0.005
5	硅结晶仿石涂料	kg	5010206	41.6
6	多交联罩面涂料	kg	5010207	3.1
7	外墙专用腻子粉	kg	5010208	20.4
8	强抗碱封闭底漆	kg	5010209	2.8
9	其他材料费	元	7801001	14.5
10	小型机具使用费	元	8099001	4.4
11	基价	元	9999001	826

第四章　桥 涵 工 程

说　明

1. 本章定额包括灌注桩后压浆、预制安装钢腹板梁、钢混组合梁预制桥面板、桥涵钢筋网片、体外预应力加固预留、转体施工、防落梁拉杆、桥梁护栏伸缩装置、橡胶缓冲块、行车道铺装混凝土表面抛丸处理、硅烷浸渍防腐、钢支架及预制箱涵安装等项目。

2. 本章定额中混凝土项目均未考虑混凝土的拌和费用。

3. 混凝土工程中所需的模板包括钢模板、组合钢模板、木模板,均按其周转摊销量计入混凝土定额中。

4. 预制安装钢腹板梁定额适用于《装配式波形钢腹板梁桥技术规程》(DB41/T 1526－2018)中顶、底板均为混凝土结构的钢腹板梁。

5. 工程量计算规则:

(1)现浇混凝土、预制混凝土构件安装的工程量为构筑物或预制构件的实际体积,不包括其中空心部分的体积;钢筋混凝土项目的工程量不扣除钢筋(钢丝、钢绞线)、预埋件和预留孔道所占的体积。

(2)钢筋工程量为钢筋的设计质量,定额中已计入施工操作损耗,一般钢筋因接长所需增加的钢筋质量已包含在定额中,不得将这部分质量计入钢筋设计质量。但对于某些特殊的工程,必须在施工现场分段施工采用搭接接长时,其搭接长度的钢筋质量未包含在定额中,应在钢筋的设计质量内计算。

(3)钢腹板拼装工程量为钢腹板、钢翼缘板、检修肋等质量之和。

(4)钢腹板梁预制、运输、架设工程量按箱梁混凝土的体积计算。

(5)行车道铺装混凝土表面抛丸处理工程量按设计处理面积计算。

(6)灌注桩后压浆工程量按压入的设计水泥质量计算。

(7)悬浇箱梁零号块托架、悬浇箱梁跨中合龙段吊架工程量按所需的全部钢材质量计算。

(8)盘扣式钢管支架工程量按搭设支架的空间体积计算。

(9)预设体外预应力束转向器、减震器工程量按体外预应力束结构预留的套数计算。

(10)转体桥施工球铰安装工程量按安装球铰的套数计算,滑道安装工程量按安装滑道的面积计算,撑脚安装工程量按撑脚的质量计算,转体桥施工砂箱工程量按砂箱的个数计算,转体桥施工称重与配重工程量按转体施工桥墩的墩次计算。本章定额不包含称重测试仪器及测试数据的采集、分析及第三方监测费用。

(11)硅烷浸渍防腐工程量按刷(喷)涂面积计算。

(12)橡胶缓冲块工程量按橡胶缓冲块的体积计算。

(13)防落梁拉杆工程量按设计防落梁拉杆的套数计算。

(14)桥梁护栏伸缩装置工程量按伸缩装置的质量计算。

(15)桥涵钢筋网片工程量按设计钢筋网片(含搭接)的质量计算。

4-20-1 灌注桩后压浆

工程内容 1)施工准备;2)浆液制作、压浆;3)检查、堵孔。

单位:10t

顺序号	项目	单位	代号	灌注桩后压浆	
				分布式	环管式
				1	2
1	人工	工日	1001001	26.2	21.3
2	水	m^3	3005004	64.5	64.5
3	42.5 级水泥	t	5509002	10.2	10.2
4	其他材料费	元	7801001	31.6	-
5	设备摊销费	元	7901001	112	98
6	智能压浆系统	台班	8005084	2.4	2.0
7	基价	元	9999001	8541	7694

4-20-2 预制安装钢腹板梁

工程内容 钢腹板拼装:拼装(含试拼)、安装、固定、螺栓连接等。

预制钢腹板梁混凝土:1)钢模板安装、拆除、修理、涂脱模剂、堆放;2)混凝土浇筑、捣固及养护。

运梁车运钢腹板梁第一个1km:1)挂钩、起吊、装车、固定构件;2)等待装卸;3)运走、掉头及空回。

运梁车运钢腹板梁每增运0.5km(运距15km以内):运走及空回。

架设钢腹板梁:1)整修构件;2)构件起吊、纵移、落梁、横移就位、校正、锯吊环;3)双导梁纵移过墩;4)构件搭接钢板的切割、电焊;5)吊脚手架的安拆、移动。

单位:表列单位

顺序号	项目	单位	代号	预制安装钢腹板梁				
				钢腹板拼装	预制钢腹板梁混凝土	运梁车运钢腹板梁第一个1km	运梁车运钢腹板梁每增运0.5km(运距15km以内)	架设钢腹板梁
				1t	$10m^3$ 实体	$100m^3$ 实体		$10m^3$ 实体
				1	2	3	4	5
1	人工	工日	1001001	0.4	30.5	1.2	-	6.9
2	普C50-42.5-2	m^3	1503018	-	(10.10)	-	-	-
3	HPB300钢筋	t	2001001	-	0.002	-	-	-
4	钢丝绳	t	2001019	-	0.003	-	-	-
5	型钢	t	2003004	0.004	0.015	-	-	0.002
6	钢板	t	2003005	0.006	-	-	-	0.035

续前页　　单位:表列单位

顺序号	项　目	单　位	代　号	预制安装钢腹板梁				
				钢腹板拼装	预制钢腹板梁混凝土	运梁车运钢腹板梁第一个 1km	运梁车运钢腹板梁每增运 0.5km(运距 15km 以内)	架设钢腹板梁
				1t	10m³ 实体	100m³ 实体		10m³ 实体
				1	2	3	4	5
7	钢模板	t	2003025	–	0.06	–	–	–
8	钢腹板	t	2004204	1	–	–	–	–
9	电焊条	kg	2009011	–	–	–	–	13.8
10	铁件	kg	2009028	–	8.6	0.2	–	–
11	高强螺栓	套	2009047	9	–	–	–	–
12	水	m³	3005004	–	16	–	–	–
13	锯材	m³	4003002	–	0.01	0.014	–	–
14	中(粗)砂	m³	5503005	–	4.44	–	–	–
15	碎石(2cm)	m³	5505012	–	7.58	–	–	–
16	42.5 级水泥	t	5509002	–	5.292	–	–	–
17	其他材料费	元	7801001	–	63.5	2.8	–	9.6
18	260t 以内轮胎式运梁车	台班	8007067	–	–	0.27	0.02	–

续前页　　　　　　单位:表列单位

顺序号	项　目	单　位	代　号	预制安装钢腹板梁				
				钢腹板拼装	预制钢腹板梁混凝土	运梁车运钢腹板梁第一个1km	运梁车运钢腹板梁每增运0.5km(运距15km以内)	架设钢腹板梁
				1t	$10m^3$ 实体	$100m^3$ 实体		$10m^3$ 实体
				1	2	3	4	5
19	跨度20m、提升质量20t以内龙门式起重机	台班	8009065	0.20	-	-	-	-
20	30kN以内单筒慢动卷扬机	台班	8009080	0.14	-	-	-	0.35
21	50kN以内单筒慢动卷扬机	台班	8009081	0.14	2.96	0.26	-	0.54
22	32kV·A以内交流电弧焊机	台班	8015028	-	-	-	-	0.96
23	小型机具使用费	元	8099001	32	22.5	2	0.1	13.9
24	基价	元	9999001	7750	7338	598	30	1291

注:钢筋采用《公路工程预算定额》(JTG/T 3832—2018)梁板预制相关钢筋定额。

4-20-3 钢混组合梁预制桥面板

工程内容 钢混组合梁预制桥面板:1)模板制作、安装、拆除、清理、修理、涂脱模剂、堆放;2)混凝土浇筑、捣固及养护。

平板拖车运钢混组合梁桥面板第一个1km:1)预制场内转运、堆放;2)挂钩、起吊、装车、固定构件;3)等待装卸;4)运走、掉头及空回。

平板拖车运钢混组合梁桥面板每增运0.5km(运距15km以内):运走及空回。

钢混组合梁预制桥面板安装:1)吊、装、运(500m以内)预制板;2)橡胶条安装、调整、校正预制板位置、卸落、就位;3)吊车移位。

集中加工桥面板钢筋:钢筋除锈、下料、弯曲、制作、电焊、绑扎。

单位:表列单位

顺序号	项目	单位	代号	钢混组合梁预制桥面板				
				钢混组合梁预制桥面板	平板拖车运钢混组合梁桥面板第一个1km	平板拖车运钢混组合梁桥面板每增运0.5km(运距15km以内)	钢混组合梁预制桥面板安装	集中加工桥面板钢筋
				$10m^3$ 实体	$100m^3$ 实体	$100m^3$ 实体	$10m^3$ 实体	1t
				1	2	3	4	5
1	人工	工日	1001001	11.6	5.6	-	3.4	4.7
2	普C50-52.5-4	m^3	1503044	(10.10)	-	-	-	-
3	HPB300钢筋	t	2001001	0.007	-	-	-	-
4	HRB400钢筋	t	2001002	-	-	-	-	1.022

续前页　　　　单位:表列单位

顺序号	项　　目	单　　位	代　　号	钢混组合梁预制桥面板				
				钢混组合梁预制桥面板	平板拖车运钢混组合梁桥面板第一个1km	平板拖车运钢混组合梁桥面板每增运0.5km（运距15km以内）	钢混组合梁预制桥面板安装	集中加工桥面板钢筋
				$10m^3$ 实体	$100m^3$ 实体	$100m^3$ 实体	$10m^3$ 实体	1t
				1	2	3	4	5
5	钢丝绳	t	2001019	0.004	–	–	0.001	–
6	20～22号铁丝	kg	2001022	–	–	–	–	3.15
7	钢模板	t	2003025	0.035	–	–	–	–
8	电焊条	kg	2009011	–	–	–	–	2.4
9	铁件	kg	2009028	4.6	3.2	–	–	–
10	水	m^3	3005004	16	–	–	–	–
11	锯材	m^3	4003002	0.028	0.310	–	–	–
12	枕木	m^3	4003003	–	–	–	0.003	–
13	橡胶条	kg	5001004	–	–	–	8.9	–
14	中(粗)砂	m^3	5503005	4.14	–	–	–	–
15	碎石(4cm)	m^3	5505013	8.48	–	–	–	–
16	52.5级水泥	t	5509003	4.343	–	–	–	–

续前页　　　　　　　　　　　　　　　　　　　　　　　　　　　　　　　　　　单位：表列单位

顺序号	项　目	单　位	代　号	钢混组合梁预制桥面板				
				钢混组合梁预制桥面板	平板拖车运钢混组合梁桥面板第一个1km	平板拖车运钢混组合梁桥面板每增运0.5km（运距15km以内）	钢混组合梁预制桥面板安装	集中加工桥面板钢筋
				$10m^3$ 实体	$100m^3$ 实体	$100m^3$ 实体	$10m^3$ 实体	1t
				1	2	3	4	5
17	其他材料费	元	7801001	59.5	32.8	–	7.6	–
18	台面尺寸长×宽=2.4m×6.2m的混凝土振动台	台班	8005055	0.95	–	–	–	–
19	50t以内平板拖车组	台班	8007027	–	0.90	0.10	0.06	–
20	50t以内汽车式起重机	台班	8009033	–	–	–	0.41	–
21	50kN以内单筒快动电动卷扬机	台班	8009090	0.63	3.10	–	0.4	–
22	数控钢筋弯箍机	台班	8015006	–	–	–	–	0.01
23	数控立式钢筋弯曲中心	台班	8015007	–	–	–	–	0.14
24	32kV·A以内交流电弧焊机	台班	8015028	–	–	–	–	0.40
25	小型机具使用费	元	8099001	10.0	70.6	0.2	4.6	16.2
26	基价	元	9999001	5101	3262	153	1783	4067

4－20－4　桥涵钢筋网片

工程内容　钢筋网吊装、焊接或绑扎、固定。

单位:1t

顺序号	项　目	单　位	代　号	桥涵钢筋网片
				1
1	人工	工日	1001001	3.6
2	冷轧带肋钢筋网	t	2001003	1.02
3	20～22号铁丝	kg	2001022	1.7
4	电焊条	kg	2009011	1.7
5	32kV·A以内交流电弧焊机	台班	8015028	0.22
6	基价	元	9999001	4817

4-20-5 体外预应力加固预留

工程内容 转向器:1)预埋件安装;2)转向器定位、固定。

减震器:1)预埋件安装;2)减震器定位、固定。

单位:1套

顺序号	项目	单位	代号	体外预应力加固预留	
				转向器	减震器
				1	2
1	人工	工日	1001001	1.5	0.6
2	型钢	t	2003004	0.025	-
3	钢板	t	2003005	-	0.013
4	电焊条	kg	2009011	5.5	2.1
5	体外预应力减震器	套	6009012	-	1
6	体外预应力转向器	套	6009013	1	-
7	其他材料费	元	7801001	24.3	14.6
8	32kV·A以内交流电弧焊机	台班	8015028	0.45	0.11
9	小型机具使用费	元	8099001	15.0	14.1
10	基价	元	9999001	2794	748

4-20-6 转体施工

工程内容 球铰安装:1)测量定位;2)支架拼装;3)球铰安装、固定、调试;4)清理现场等全部工序。

滑道安装:1)测量定位;2)支架拼装;3)滑道安装、固定、调试;4)清理现场等全部工序。

撑脚安装:1)准备、焊接、吊装;2)混凝土配运料、拌和、运输、浇筑、捣固、养护;3)清理现场等全部工序。

封固混凝土:1)模板制作、安装、拆除、修理、涂脱模剂、堆放;2)混凝土配运料、拌和、运输、浇筑、捣固、养护;3)水泥浆配运料、拌和及注浆。

砂箱:1)准备、砂箱加工制作;2)砂的筛分、处理及装箱;3)砂箱就位及调整、拆除、清理现场。

称重与配重:1)准备、钢垫板及分配梁的制作与安装;2)安装千斤顶、传感器等设备;3)称重、配重吊装及拆除;4)清理现场等全部工序。

单位:表列单位

顺序号	项目	单位	代号	转体施工							
				球铰安装(10000t以内)	球铰安装(20000t以内)	球铰安装(20000t以上)	滑道安装	撑脚安装	封固混凝土	砂箱	称重与配重
				1套	1套	1套	$10m^2$	1t	$10m^3$ 实体	1个	1墩次
				1	2	3	4	5	6	7	8
1	人工	工日	1001001	32.9	49.3	73.9	19.7	2.9	8.5	15.4	30.8
2	水泥浆(42.5级)	m^3	1501022	-	-	-	-	-	(0.30)	-	-
3	普C55-52.5-2	m^3	1503020	-	-	-	-	(0.68)	-	-	-
4	泵C50-42.5-2	m^3	1503069	-	-	-	-	-	(10.20)	-	-

续前页 单位:表列单位

顺序号	项目	单位	代号	转体施工							
				球铰安装(10000t 以内)	球铰安装(20000t 以内)	球铰安装(20000t 以上)	滑道安装	撑脚安装	封固混凝土	砂箱	称重与配重
				1 套	1 套	1 套	$10m^2$	1t	$10m^3$ 实体	1 个	1 墩次
				1	2	3	4	5	6	7	8
5	型钢	t	2003004	0.451	0.564	0.776	0.49	-	-	-	0.07
6	钢板	t	2003005	-	-	-	-	-	-	0.22	0.75
7	钢管	t	2003008	0.260	0.325	0.457	-	-	0.001	0.37	3.96
8	钢模板	t	2003025	-	-	-	-	-	0.36	-	-
9	滑道	m^2	2004202	-	-	-	10.0	-	-	-	-
10	撑脚	t	2004203	-	-	-	-	1.0	-	-	-
11	电焊条	kg	2009011	-	-	-	60.4	26.8	-	12.3	15.8
12	水	m^3	3005004	-	-	-	-	-	21	-	-
13	锯材	m^3	4003002	-	-	-	-	-	0.012	-	0.03
14	环氧油漆	kg	5009440	-	-	-	-	-	-	14	-
15	中(粗)砂	m^3	5503005	-	-	-	-	0.29	5.41	0.19	-
16	碎石(4cm)	m^3	5505012	-	-	-	-	0.5	6.73	-	-
17	42.5 级水泥	t	5509002	-	-	-	-	-	6.1	-	-

续前页　　单位:表列单位

顺序号	项目	单位	代号	转体施工							
				球铰安装(10000t以内)	球铰安装(20000t以内)	球铰安装(20000t以上)	滑道安装	撑脚安装	封固混凝土	砂箱	称重与配重
				1套	1套	1套	$10m^2$	1t	$10m^3$ 实体	1个	1墩次
				1	2	3	4	5	6	7	8
18	52.5级水泥	t	5509003	–	–	–	–	0.351	–	–	–
19	球铰(10000t以内)	套	6010201	1.0	–	–	–	–	–	–	–
20	球铰(20000t以内)	套	6010202	–	1.0	–	–	–	–	–	–
21	球铰(20000t以上)	套	6010203	–	–	1.0	–	–	–	–	–
22	其他材料费	元	7801001	2019.1	2519.1	3619.1	1982.5	16.5	968.3	56.6	297.3
23	设备摊销费	元	7901001	–	–	–	–	–	–	–	3500
24	250L以内强制式混凝土搅拌机	台班	8005002	–	–	–	–	0.02	–	–	–
25	$60m^3/h$以内混凝土输送泵	台班	8005051	–	–	–	–	–	0.08	–	–
26	50L/min压浆机(含拌浆机)	台班	8005083	–	–	–	–	–	0.23	–	–
27	25t以内轮胎式起重机	台班	8009021	–	–	–	1.83	–	–	–	–

续前页　　　　　　　　　　　　　　　　　　　　　　　　　　　　　　　单位：表列单位

顺序号	项　目	单　位	代　号	转体施工							
				球铰安装（10000t以内）	球铰安装（20000t以内）	球铰安装（20000t以上）	滑道安装	撑脚安装	封固混凝土	砂箱	称重与配重
				1套	1套	1套	$10m^2$	1t	$10m^3$ 实体	1个	1墩次
				1	2	3	4	5	6	7	8
28	16t以内汽车式起重机	台班	8009028	–	–	–	–	0.11	–	–	–
29	20t以内汽车式起重机	台班	8009029	–	–	–	–	–	–	–	3.56
30	25t以内汽车式起重机	台班	8009030	–	–	–	–	–	–	0.12	–
31	100t以内汽车式起重机	台班	8009036	1.83	2.75	4.13	–	–	–	–	–
32	300t以内液压千斤顶	台班	8009152	–	–	–	–	–	–	–	9.60
33	ϕ100mm电动多级水泵（≤120m）	台班	8013011	–	–	–	–	–	0.25	–	–
34	32kV·A以内交流电弧焊机	台班	8015028	–	–	–	2.10	0.93	–	2.10	3.80
35	功率5kW液压动力柜	台班	8017053	–	–	–	–	–	–	–	9.30
36	小型机具使用费	元	8099001	2147.8	2684.8	3687.2	535.6	28.3	14.8	34.5	1651.3
37	基价	元	9999001	593872	1106057	2960510	29609	7857	7403	5036	33985

4-20-7 防落梁拉杆

工程内容 1)测量定位;2)防落梁拉杆安装、固定;3)检测、调校。

单位:1 套

顺序号	项目	单位	代号	防落梁拉杆
				1
1	人工	工日	1001001	0.5
2	防落梁拉杆	套	2010203	1
3	10m 以内高空作业车	台班	8009046	0.25
4	基价	元	9999001	447

4-20-8 桥梁护栏伸缩装置

工程内容 1)定位;2)钻孔;3)固定及连接件安装。

单位:1t

顺序号	项目	单位	代号	桥梁护栏伸缩装置
				1
1	人工	工日	1001001	6.6
2	螺栓	kg	2009013	3.67
3	镀锌铁件	kg	2009029	1030
4	小型机具使用费	元	8099001	95
5	基价	元	9999001	6725

4－20－9　橡胶缓冲块

工程内容　1)基底清理;2)定位、涂抹黏结胶;3)橡胶缓冲块安装。

单位:$10dm^3$

顺序号	项　　目	单　　位	代　　号	橡胶缓冲块
				1
1	人工	工日	1001001	0.4
2	橡胶缓冲块	dm^3	6002201	10.2
3	黏结胶	kg	5001768	0.7
4	基价	元	9999001	185

4-20-10　行车道铺装混凝土表面抛丸处理

工程内容　1)清扫工作面;2)机械吊装就位;3)抛丸处理;4)回收钢丸;5)找补;6)废料清理。

单位:1000m²

顺序号	项　　目	单　　位	代　　号	行车道铺装混凝土表面抛丸处理
				1
1	人工	工日	1001001	14.1
2	钢丸	t	2003042	0.08
3	其他材料费	元	7801001	16.0
4	10t 以内载货汽车	台班	8007007	1.10
5	直径 1000mm 以内抛丸除锈机	台班	8015088	1.19
6	20m³/min 以内电动空压机	台班	8017045	2.72
7	小型机具使用费	元	8099001	20.0
8	基价	元	9999001	5342

4-20-11　硅烷浸渍防腐

工程内容　刷涂:1)基层处理;2)刷涂两遍;3)清理现场。

喷涂:1)基层处理;2)喷涂两遍;3)清理现场。

单位:100m²

顺序号	项　目	单　位	代　号	硅烷浸渍防腐	
				硅烷浸渍防腐涂料刷涂	硅烷浸渍防腐涂料喷涂
				1	2
1	人工	工日	1001001	5.0	1.7
2	硅烷浸渍防腐涂料	kg	5010210	52.0	55.0
3	其他材料费	元	7801001	15.0	15.0
4	小型机具使用费	元	8099001	-	17.0
5	基价	元	9999001	3302	3128

注:当硅烷浸渍防腐涂料设计用量与定额不同时可按设计调整防腐涂料消耗量。

4－20－12 钢 支 架

工程内容 悬浇箱梁零号块托架:1)施工准备;2)制作、安装、预埋件连接;3)托架平台搭设;4)堆载、预压、卸载;5)拆除、清理。
悬浇梁跨中合龙段吊架:1)施工准备;2)吊杆、横梁、纵梁制作、安装;3)堆载、预压、卸载;4)拆除、清理。
盘扣式钢管支架:1)施工准备;2)钢管杆件、盘扣件连接;3)拆除、清理。

单位:表列单位

顺序号	项目	单位	代号	钢支架		
				悬浇箱梁零号块托架	悬浇箱梁跨中合龙段吊架	盘扣式钢管支架
				10t	10t	$100m^3$空间体积
				1	2	3
1	人工	工日	1001001	31.9	46.0	6.3
2	钢丝绳	t	2001019	–	0.27	–
3	型钢	t	2003004	3.108	10.6	–
4	钢板	t	2003005	1.435	–	–
5	钢管	t	2003008	5.943	–	–
6	盘扣支架	kg	2004201	–	–	113
7	电焊条	kg	2009011	37.3	12.6	–
8	铁件	kg	2009028	–	32.5	–
9	原木	m^3	4003001	0.2	–	–
10	锯材	m^3	4003002	0.503	0.302	–

续前页　　　　单位:表列单位

顺序号	项　目	单　位	代　号	钢支架		
				悬浇箱梁零号块托架	悬浇箱梁跨中合龙段吊架	盘扣式钢管支架
				10t	10t	100m³空间体积
				1	2	3
11	其他材料费	元	7801001	56.2	739.3	47.6
12	16t 以内汽车式起重机	台班	8009028	-	-	0.09
13	50kN 以内单筒慢动电动卷扬机	台班	8009081	2.05	3.73	-
14	32kV · A 以内交流电弧焊机	台班	8015028	6.18	3.45	-
15	小型机具使用费	元	8099001	-	140.7	-
16	基价	元	9999001	46985	46478	1434

注:悬浇箱梁零号块托架、合龙段吊架型钢、钢板、钢管的定额消耗量按一次投入的材料用量计算,应按照定额消耗量的85%回收率和材料原价计算回收金额。

4-20-13 预制箱涵安装

工程内容 平板拖车运预制箱涵第一个1km:1)预制场内转运、堆放;2)挂钩、起吊、装车、固定构件;3)等待装卸;4)运走、掉头及空回。

平板拖车运预制箱涵每增运0.5km(运距15km以内):运走及空回。

预制箱涵吊装:1)施工放样;2)铺设砂垫层;3)构件吊装、翻转、就位、调平;4)安装止水条、涂抹密封胶;5)吊装孔防腐处理、封堵;6)张拉预留槽封堵;7)养护。

预制箱涵背贴防水卷材:1)清理基层;2)基底处理;3)粘贴防水卷材。

单位:表列单位

顺序号	项目	单位	代号	预制箱涵安装			
				平板拖车运预制箱涵第一个1km	平板拖车运预制箱涵每增运0.5km(运距15km以内)	吊装	背贴防水卷材
				100m³实体	100m³实体	10m³实体	10m²
				1	2	3	4
1	人工	工日	1001001	4.8	-	2.2	0.6
2	普C40-42.5-2	m³	1503014	-	-	(0.03)	-
3	钢丝绳	t	2001019	-	-	0.001	-
4	铁件	kg	2009028	1.4	-	-	-
5	水	m³	3005004	-	-	0.04	-
6	锯材	m³	4003002	0.12	-	-	-

续前页 单位:表列单位

顺序号	项目	单位	代号	预制箱涵安装			
				平板拖车运预制箱涵第一个1km	平板拖车运预制箱涵每增运0.5km(运距15km以内)	吊装	背贴防水卷材
				$100m^3$实体	$100m^3$实体	$10m^3$实体	$10m^2$
				1	2	3	4
7	橡胶止水条	m	5001050	–	–	18.8	–
8	密封胶	kg	5001767	–	–	0.01	–
9	防水卷材	m^2	5009006	–	–	–	10.6
10	砂	m^3	5503004	–	–	0.07	–
11	中(粗)砂	m^3	5503005	–	–	0.01	–
12	碎石(2cm)	m^3	5505012	–	–	0.02	–
13	42.5 级水泥	t	5509002	–	–	0.013	–
14	其他材料费	元	7801001	15.8	–	51.1	42
15	60t 以内平板拖车组	台班	8007028	1.1	0.09	–	–
16	200t 以内履带式起重机	台班	8009015	–	–	0.2	–
17	50kN 以内单筒慢动电动卷扬机	台班	8009081	2.8	–	–	–
18	小型机具使用费	元	8099001	13.6	0.5	7.4	1.4
19	基价	元	9999001	2914	140	1660	415

注:封堵混凝土拌和、运输费用已综合考虑在定额内。

第五章　交通工程及沿线设施

说　明

1. 本章定额包括混凝土护栏、钻打一体波形梁护栏钢管立柱、隧道内警示轮廓带、自发光式线形诱导标、彩色陶粒防滑标线及警示桩等项目。

2. 水泥混凝土构件的预制、安装定额中均包括混凝土及构件的拌和、运输费用。使用定额时,不得另行计算。

3. 钻打一体波形梁护栏钢管立柱定额适用于石质路段或旧路路面钻打施工路段。

4. 工程量计算规则:

(1)现浇混凝土、预制混凝土、构件安装的工程量为构筑物或预制构件的实际体积,不包括其中空心部分的体积;钢筋混凝土项目的工程量不扣除钢筋、预埋件和预留孔道所占的体积。

(2)钢筋工程量为钢筋的设计质量,定额中已计入施工操作损耗,一般钢筋因接长所需增加的钢筋质量已包含在定额中,不得将这部分质量计入钢筋设计质量内。

(3)钻打一体波形梁护栏钢管立柱工程量按设计钻打一体钢管立柱的成品质量计算;柱帽等附件已综合在定额内,使用定额时,不得另行计算。

(4)隧道内警示轮廓带工程量按轮廓带的长度计算。

(5)自发光式线形诱导标工程量按诱导标的套数计算。

(6)彩色陶粒防滑标线工程量按标线的净面积计算。

(7)警示桩工程量按警示桩的根数计算。

5-20-1 混凝土护栏

工程内容 预制:1)模板安装、拆除、修理、涂脱模剂、堆放;2)混凝土配运料、拌和、运输、浇筑及养护;3)预制块堆放。

安装:1)基槽开挖及清理;2)预制件运输,砂浆配运料、拌和,安砌块件。

现浇护栏基础混凝土:1)基槽开挖及清理;2)模板安装、拆除、修理、涂脱模剂、堆放;3)混凝土配运料、拌和、运输、浇筑及养护。

基础及支撑梁钢筋:钢筋除锈、制作、安装、焊接、绑扎。

单位:表列单位

顺序号	项目	单位	代号	混凝土护栏					
				预制		安装		现浇护栏基础混凝土	基础及支撑梁钢筋
				分离式混凝土护栏预制(带孔)	基础、支撑梁	分离式混凝土护栏预制(带孔)	基础、支撑梁		
				$10m^3$ 实体	$10m^3$ 实体	$10m^3$ 实体	$10m^3$ 实体	$10m^3$ 实体	1t
				1	2	3	4	5	6
1	人工	工日	1001001	30.6	19.3	3.8	3.3	9.1	5
2	M10 水泥砂浆	m^3	1501003	(0.24)	-	-	-	-	-
3	M15 水泥砂浆	m^3	1501005	-	-	-	(0.44)	-	-
4	普 C20-32.5-4	m^3	1503032	-	-	-	-	(10.20)	-
5	普 C30-32.5-4	m^3	1503034	-	(10.10)	-	-	-	-
6	普 C40-42.5-4	m^3	1503039	(10.10)	-	-	-	-	-
7	HPB300 钢筋	t	2001001	0.002	-	-	-	-	1.025
8	20~22 号铁丝	kg	2001022	-	-	-	-	-	3.9

续前页 单位:表列单位

顺序号	项　目	单　位	代　号	混凝土护栏					
				预制		安装		现浇护栏基础混凝土	基础及支撑梁钢筋
				分离式混凝土护栏预制(带孔)	基础、支撑梁	分离式混凝土护栏预制(带孔)	基础、支撑梁		
				$10m^3$ 实体	$10m^3$ 实体	$10m^3$ 实体	$10m^3$ 实体	$10m^3$ 实体	1t
				1	2	3	4	5	6
9	型钢	t	2003004	–	0.021	–	–	–	–
10	钢板	t	2003005	–	0.001	–	–	–	–
11	电焊条	kg	2009011	–	0.1	–	–	–	–
12	钢模板	t	2003025	0.115	–	–	–	0.04	–
13	螺栓	kg	2009013	–	–	–	–	1.4	–
14	铁件	kg	2009028	11.8	1.9	–	–	10.2	–
15	水	m^3	3005004	16	15	1	1	12	–
16	原木	m^3	4003001	0.036	–	–	–	–	–
17	锯材	m^3	4003002	0.055	–	–	–	–	–
18	中(粗)砂	m^3	5503005	4.70	4.65	0.67	0.47	5.00	–
19	碎石(4cm)	m^3	5505013	8.38	8.38	–	–	8.57	–
20	32.5 级水泥	t	5509001	0.075	3.808	0.249	0.173	3.04	–
21	42.5 级水泥	t	5509002	4.192	–	–	–	–	–
22	其他材料费	元	7801001	57.4	17.2	2.6	–	34.3	–

续前页 单位:表列单位

顺序号	项目	单位	代号	混凝土护栏					
				预制		安装		现浇护栏基础混凝土	基础及支撑梁钢筋
				分离式混凝土护栏预制(带孔)	基础、支撑梁	分离式混凝土护栏预制(带孔)	基础、支撑梁		
				$10m^3$ 实体	$10m^3$ 实体	$10m^3$ 实体	$10m^3$ 实体	$10m^3$ 实体	1t
				1	2	3	4	5	6
23	250L 以内强制式混凝土搅拌机	台班	8005002	0.31	0.32	–	–	0.29	–
24	4t 以内载货汽车	台班	8007003	–	–	2.51	0.65	–	–
25	1t 以内机动翻斗车	台班	8007046	–	–	–	–	1.08	–
26	5t 以内汽车式起重机	台班	8009025	–	–	0.94	0.25	–	–
27	32kV · A 以内交流电弧焊机	台班	8015028	–	0.03	–	–	–	–
28	小型机具使用费	元	8099001	8.4	1.2	–	–	9.6	9.3
29	基价	元	9999001	6923	4561	2323	913	3710	3976

注:1. 护栏钢筋采用《公路工程预算定额》(JTG/T 3832—2018)预制护栏钢筋定额。

2. 预制钢筋混凝土护栏上不安装钢管栏杆或防眩板时,应在钢筋子目中扣除人工 4.0 工日、钢板 0.081t、电焊条 7.7kg、32kV · A 以内交流电弧焊机 1.86 台班。

5-20-2 钻打一体波形梁护栏钢管立柱

工程内容 1)测量、定位;2)钢管立柱钻孔、打入;3)砂浆拌和、运输、浇筑;4)场地清理等。

单位:1t

顺序号	项目	单位	代号	钻打一体波形梁护栏钢管立柱
				1
1	人工	工日	1001001	4.5
2	M7.5 水泥砂浆	m^3	1501002	(0.10)
3	钢板	t	2003005	0.025
4	钢管立柱	t	2003015	1.01
5	电焊条	kg	2009011	4.8
6	中(粗)砂	m^3	5503005	0.11
7	32.5 级水泥	t	5509001	0.027
8	其他材料费	元	7801001	57.5
9	2t 以内载货汽车	台班	8007001	0.38
10	护栏液压打桩(钻孔)机	台班	8011087	0.58
11	32kV·A 以内交流电弧焊机	台班	8015028	0.55
12	$17m^3/min$ 以内机动空压机	台班	8017051	0.35
13	小型机具使用费	元	8099001	26
14	基价	元	9999001	6649

5－20－3　隧道内警示轮廓带

工程内容　1)施工准备;2)定位、隧道壁钻孔;3)铝合金板切割打孔;4)支架制作、安装,粘贴反光膜;5)安装警示轮廓带;6)清理场地。

单位:10m

顺序号	项　　目	单　　位	代　　号	隧道内警示轮廓带
				1
1	人工	工日	1001001	2
2	型钢	t	2003004	0.009
3	铝合金标志	t	6007002	0.011
4	电焊条	kg	2009011	0.5
5	膨胀螺栓	套	2009015	41.6
6	镀锌铁件	kg	2009029	0.7
7	反光膜	m^2	6007004	3.2
8	其他材料费	元	7801001	18.6
9	2t 以内载货汽车	台班	8007001	0.21
10	10m 以内高空作业车	台班	8009046	0.2
11	电动手持冲击钻	台班	8011086	0.9
12	32kV·A 以内交流电弧焊机	台班	8015028	0.04
13	小型机具使用费	元	8099001	10.4
14	基价	元	9999001	1508

5-20-4 自发光式线形诱导标

工程内容 1)定位;2)安装、调试;3)清理现场等全部工序。

单位:100套

顺序号	项目	单位	代号	自发光式线形诱导标
				1
1	人工	工日	1001001	44.2
2	自发光式线形诱导标(含配件)	套	6008201	100
3	其他材料费	元	7801001	56.1
4	4t以内载货汽车	台班	8007003	2.1
5	小型机具使用费	元	8099001	44.5
6	基价	元	9999001	141785

注:自发光式线形诱导标规格为800mm×1600mm。定额中未包含基础、立柱费用,如有需要可套用标志牌相关定额。

5-20-5 彩色陶粒防滑标线

工程内容 1)清扫路面;2)放样、贴胶带;3)涂料(胶)配制、刷涂、撒布骨料、清扫等。

单位:100m^2

顺序号	项目	单位	代号	彩色陶粒防滑标线
				1
1	人工	工日	1001001	3.7
2	双组分标线涂料	kg	6007011	408
3	彩色陶粒	kg	6008203	561
4	其他材料费	元	7801001	194.2
5	4t以内载货汽车	台班	8007003	1
6	小型机具使用费	元	8099001	88.7
7	基价	元	9999001	12737

注:当设计双组分标线涂料、彩色陶粒用量与定额不同时,可按设计调整涂料、防滑骨料消耗量。

5-20-6 警 示 桩

工程内容 1)定位;2)警示桩安装等全部工序。

单位:10 根

顺序号	项　　目	单　　位	代　　号	警示桩
				1
1	人工	工日	1001001	0.3
2	警示桩	根	6008202	10.1
3	2t 以内载货汽车	台班	8007001	0.07
4	小型机具使用费	元	8099001	13.6
5	基价	元	9999001	524

注:螺栓、螺母及垫圈等附件已综合在警示桩材料单价内。

第六章　绿化及环境保护工程

说　　明

1. 本章定额包括苗木移栽假植、种植材料垂直运输及通风隔声窗等项目。

2. 结合河南省气候条件,植物成活期内浇水次数如下:

雨量区及雨季期	浇水次数
雨Ⅰ区2个月	乔木6次、灌木8次、绿篱6次、中央分隔带12次、草坪6次、草本花卉6次、其他植物6次
雨Ⅰ区3~4个月 雨Ⅱ区2个月	乔木4次、灌木6次、绿篱4次、中央分隔带10次、草坪4次、草本花卉6次、其他植物6次

3. 浇水量:胸径10cm以上乔木30 kg/(株·次);胸径10cm以下乔木和灌木15kg/(株·次);片植灌木、花卉30kg/(m^2·次),绿篱15kg/(m·次);中央分隔带40kg/(m·次);草坪20kg/(m^2·次);其他植物不高于5kg/(株·次)。

4. 水的平均运距:高速公路按5km以内,其他公路按2km以内;对于布设喷灌管道的绿化工程,按实际情况考虑。

5. 绿化成活期保养月份说明:根据河南省气候条件,在缺陷责任期内适合进行杀虫、刷白和修剪等野外工作的月份为每年的3月至11月,编制预算均按18个月计算。

6. 苗木移栽假植定额已综合了起挖点、假植点全部工作内容,从假植点至栽植点的运输费用根据实际情况套用部颁相关定额,工程量按移栽假植的株数计算。

7. 种植材料垂直运输定额为屋顶(面)绿化时对种植材料垂直提升的费用;工程量按屋顶(面)绿化面积计算。

8. 通风隔声窗工程量按洞口面积计算。

6-20-1 苗木移栽假植

工程内容 1)挖、修剪、绑扎草绳、装卸、运输、回土填坑、清理;2)挖假植沟或坑、栽植、覆土、管理;3)挖、绑扎草绳、回土填坑、清理。

单位:100 株

顺序号	项目	单位	代号	乔木移栽假植带土球直径(cm)											
				10 以内	20 以内	30 以内	40 以内	50 以内	60 以内	70 以内	80 以内	90 以内	100 以内	110 以内	120 以内
				1	2	3	4	5	6	7	8	9	10	11	12
1	人工	工日	1001001	3.3	5.1	8.0	11.4	18.2	26.5	29.0	37.7	46.8	59.2	72.0	86.4
2	水	m^3	3005004	10	12	13	14	16	22	34	46	59	69	74	79
3	其他材料费	元	7801001	104.2	144.9	190.2	236.3	283.6	392.2	432.1	498.3	587.1	672.4	753.4	890.0
4	6t 以内载货汽车	台班	8007005	0.04	0.29	1.15	1.15	1.18	1.20	1.23	1.50	1.79	2.09	2.41	2.74
5	4000L 以内洒水汽车	台班	8007040	0.02	0.02	0.04	0.04	0.05	0.05	0.06	0.06	0.07	0.07	0.07	0.08
6	5t 以内汽车式起重机	台班	8009025	-	-	-	-	-	-	3.41	4.04	4.66	5.26	5.88	6.51
7	小型机具使用费	元	8099001	0.4	0.7	1.1	2.5	5.1	7.6	10.4	12.9	14.9	17.5	20.1	23.3
8	基价	元	9999001	515	876	1668	2080	2879	3898	6433	7994	9631	11594	13604	15859

续前页

单位:100株

顺序号	项目	单位	代号	灌木移栽假植带土球直径(cm)					
				10以内	20以内	30以内	40以内	50以内	60以内
				13	14	15	16	17	18
1	人工	工日	1001001	2.2	3.1	5.0	7.2	12.5	18.1
2	水	m^3	3005004	10	12	13	14	16	22
3	其他材料费	元	7801001	24.4	26.5	28.8	29.8	30.5	34.8
4	6t以内载货汽车	台班	8007005	0.04	0.29	1.15	1.15	1.18	1.20
5	4000L以内洒水汽车	台班	8007040	0.02	0.02	0.02	0.02	0.02	0.02
6	小型机具使用费	元	8099001	0.1	0.5	0.6	1.7	3.6	5.7
7	基价	元	9999001	318	544	1175	1414	2000	2627

6-20-2 种植材料垂直运输

工程内容 种植材料垂直运输的全部工序。

单位:$10m^2$

顺序号	项目	单位	代号	种植材料垂直运输
				1
1	人工	工日	1001001	0.3
2	10kN以内单筒快动电动卷扬机	台班	8009087	0.26
3	基价	元	9999001	68

6-20-3 通风隔声窗

工程内容 通风隔声窗安装、固定、密封等全部工序。

单位：$100m^2$

顺序号	项目	单位	代号	通风隔声窗
				1
1	人工	工日	1001001	8.4
2	膨胀螺栓	套	2009015	279
3	密封胶	kg	5001767	86
4	通风隔声窗	m^2	5008202	94.6
5	其他材料费	元	7801001	79.4
6	小型机具使用费	元	8099001	31.4
7	基价	元	9999001	73238

附录　定额材料单价表

序号	名　　称	代　　号	规　　格	单　　位	单位质量 (kg)	场内运输及操作 损耗(%)	单价 (元)
1	RPC 盖板	1518201	750mm×500mm×25mm	块	24	1	36
2	盘扣支架	2004201		kg	1	1	5.53
3	滑道	2004202	含固定支架、四氟滑板	m^2		0	2032.55
4	撑脚	2004203		t	1000	0	6837.61
5	钢腹板	2004204		t	1000	0	7324
6	人行横通道防火门	2010201		m^2		0	510
7	车行横通道防火卷闸门	2010202	含电动升降装置	m^2		0	460
8	防落梁拉杆	2010203		套		0	265
9	天然气	3006201		m^3	0.71	2	4
10	数码电子雷管	5006201	带 5m 脚线	个		3	15.35
11	数码电子雷管脚线	5006202		m		2	0.5
12	植物纤维毯	5008201	含纤维毯、草籽、营养基	m^2		2	12.2
13	通风隔声窗	5008202	含通风器	m^2		0	718
14	玻璃钢纤维急流槽	5010201	顶宽 500mm,底宽 350mm, 槽身深 214mm、厚 5mm	m		1	130

续前页

序号	名称	代号	规格	单位	单位质量(kg)	场内运输及操作损耗(%)	单价(元)
15	玻璃钢纤维急流槽进水口	5010202	长 833mm、宽由 350mm 渐变至 1200mm、壁厚 5mm	个		1	160
16	玻璃钢纤维拱形骨架块	5010203	壁厚 5mm	m^2		1	161
17	玻璃钢纤维六棱块	5010204	边长 20.785cm、内径 30cm、壁厚 8cm	块		1	11
18	水泥基渗透结晶防水涂料	5010205		kg	1	4	15
19	硅结晶仿石涂料	5010206		kg	1	2	7.5
20	多交联罩面涂料	5010207		kg	1	2	22
21	外墙专用腻子粉	5010208		kg	1	2	0.7
22	强抗碱封闭底漆	5010209		kg	1	2	16.89
23	硅烷浸渍防腐涂料	5010210		kg	1	2	53
24	建筑垃圾再生集料	5504201	堆方	m^3		2	35
25	橡胶缓冲块	6002201		dm^3		2	11
26	自发光式线形诱导标(含配件)	6008201	800mm × 1600mm	套		0	1360
27	警示桩	6008202		根		1	45
28	彩色陶粒	6008203		kg	1	2	4.5
29	球铰(10000t 以内)	6010201		套		0	573957
30	球铰(20000t 以内)	6010202		套		0	1077876
31	球铰(20000t 以上)	6010203		套		0	2919090